본격
북유럽 신화 만화

편집자 일러두기

1. 본문 내 각주는 모두 저자 주입니다.
2. 저자의 문체와 재미를 살리기 위해 의도적으로 맞춤법을 따르지 않은 부분이 있습니다.
3. 처음 등장하는 고유명사(지명, 인명 등)는 작은 따옴표를 넣고 굵게 표시하였습니다.

본격
북유럽 신화 만화
2
동굴트롤

작가의 말

안녕하세요! 작가 동굴트롤입니다.

단행본을 구매해주셔서 감사합니다. 독자 여러분 덕에 제가 출판을 하는 날이 오게 되네요. 감개무량합니다.

북유럽 신화는 제가 가장 좋아하는 신화입니다. 이렇게 좋아하게 된 계기는 어릴 적 본 『만화로 보는 북유럽 신화』 덕분인데요. 당시 압도적 원탑이었던 『만화로 보는 그리스 로마 신화』보다도 저는 이쪽이 더 취향이었습니다. 특유의 정적적인 판타지스러운 느낌도 좋고, 메이저가 아니란 사실이 소년 동굴트롤의 힙스터 감성을 자극했거든요. 사실 어머니가 권수가 적은 북유럽 만화만 대여섯 권 사주셨기 때문이라는 현실적 이유가 가장 큽니다.

아무튼, 이렇게 좋아하는 토픽이라, 막연하게 북유럽 신화를 언젠간 다뤄봐야지― 하고 있었는데 생각보다 기회가 빨리 찾아왔습니다. 연재처를 제공해 주신 이만배와 출판을 맡아주신 비아북에 감사할 따름.

그나마 최근엔 MCU와 「갓 오브 워」 덕에 한국에서도 북유럽 신화에 대한 인지도가 어느 정도 높아지긴 했지만, 원전을 아는 분은 잘 없는 편이죠. 로키가 토르 동생이라고 아는 사람이 태반일 정도니까요. 그래서 이 만화에선 최대한 원전의 내용을 많이 따라가려고 나름대로 애썼습니다. 다만 어디까지나 나름대로 애썼을 뿐, 저도 여기저기 MSG를 첨가했지요. 그러니 제 만화의 내용=원전이라고 보진 말아주세요. 원전인 『에다』(와 다른 문헌)의 번역본을 제외하면 100% 확률로 작가의 재해석과 창작이 들어간 2차 창작 비스무

리한 것이지, '다른 판본'이 아녀유. 특히 나무위키에는 원전 그대로의 내용을 두고 역으로 재창작인 것처럼 "이러이러하게 알려진 경우도 있다"라고 언급하는 경우가 많습니다. 참고하세용.

뭐, 사실, 만화에도 언급한 것처럼 흥미 위주로 보실 거면 아무런 상관없습니다. 재밌으면 그만이죠, 안 그런가요? 그러니 너무 신경쓰지 마시고 재밌게 읽어주시면 감사하겠습니다! 출출할 때 라면 먹으면서 한 번씩 읽어주세요. 제가 어릴 적에 교양 만화들 그렇게 많이 읽었거든요 ㅎㅎ

마지막으로, 이번에 출판을 준비하면서 자잘한 대사 위치나 서식 조정 등으로 메모를 수백 개씩 달아가며 수정을 요청드렸는데, 다 처리해주신 비아북 담당자분들께 다시 한번 감사드립니다.

그럼 좋은 하루 보내시길, 봐주셔서 감삼다!

동굴트롤 올림

차례

작가의 말　　　　　　　　　　　　4

제25장　오딘의 은거　　　　　　　9
제26장　프레이의 청혼　　　　　　19
제27장　프레야의 목걸이 브리싱가멘　33
제28장　토르와 흐룽그니르의 대결　51
제29장　그림니르의 노래　　　　　69
제30장　히미르의 가마솥　　　　　79
제31장　안드바리의 저주받은 반지　97
제32장　시구르드 전설　　　　　　111
제33장　니플룽 일족의 몰락　　　　163
제34장　도둑맞은 묠니르 되찾기　　187
제35장　오딘과 빌링의 딸　　　　　201
제36장　토르와 뱃사공　　　　　　207
제37장　발드르의 죽음　　　　　　217
제38장　발드르의 죽음(다른 버전)　239
제39장　오딘과 공주 린다　　　　　249

제40장	로키의 조롱	259
제41장	로키의 처벌	277
제42장	라그나로크	287

작가 후기   **304**

2권 장별 참고문헌   **306**

제25장

오딘의 은거

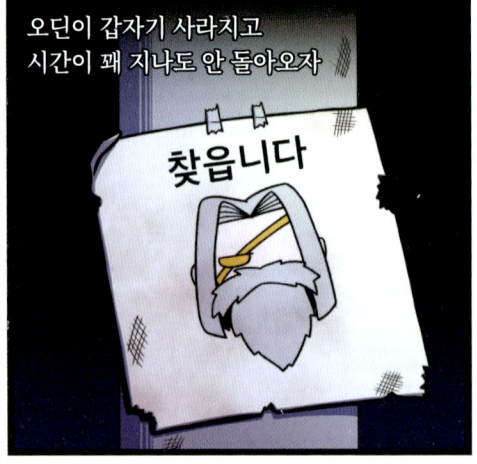

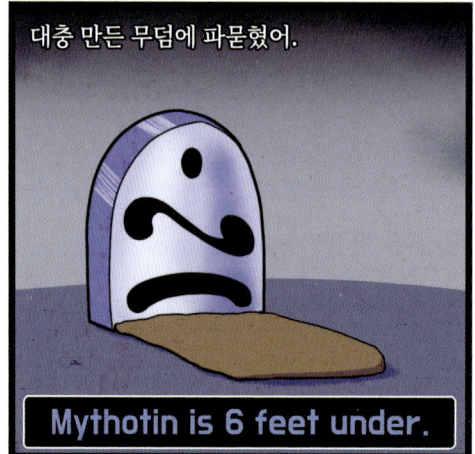

제26장

프레이의 청혼

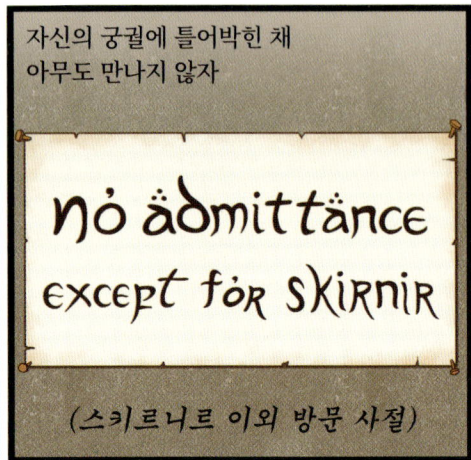

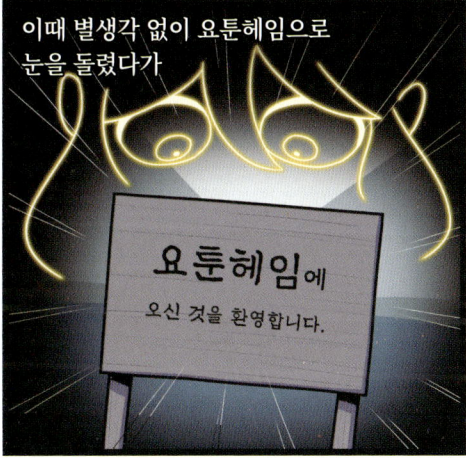

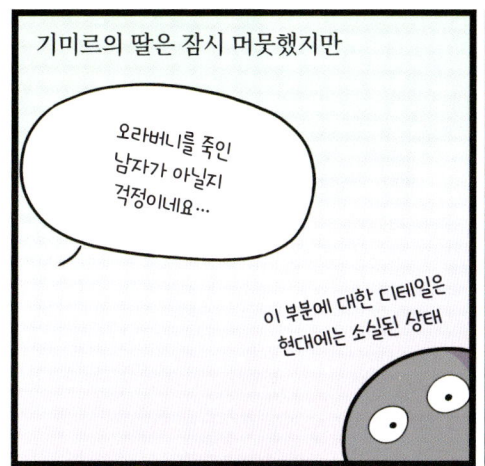

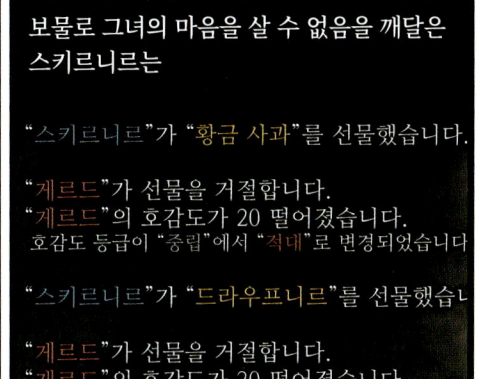

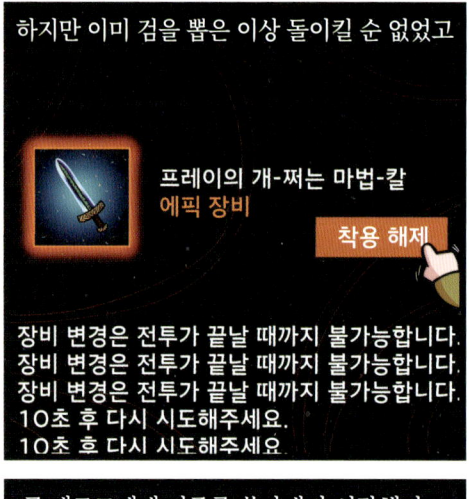

그다음엔 당신을 몽둥이로 쳐서 길들이고 누구도 모르는 장소로 데려가서

하루 종일 할 수 있는 거라곤 죽은 자의 세상을 쳐다보는 것뿐이게끔 만들 것이다!"

그러곤 평생 끔찍한 음식만을 먹게 될 것,

게르드 새드밀 세트 - 구더기를 곁들인 끼니이, 지렁이 튀김과 염소 오줌

모습이 흉측해져 모든 이의 혐오를 받으며 그 흉측함 탓에 헤임달보다도 유명해질 것,

평생 결혼할 상대는 머리 셋 달린 추한 거인밖에 없을 것이라는 등

게…게루도 쨔응…

게르드에겐 앞으로 상상만 해도 끔찍한 미래만이 있을 것이라 협박했어.

물리적 위협도 안 통하니까 저주하는 꼬라지…

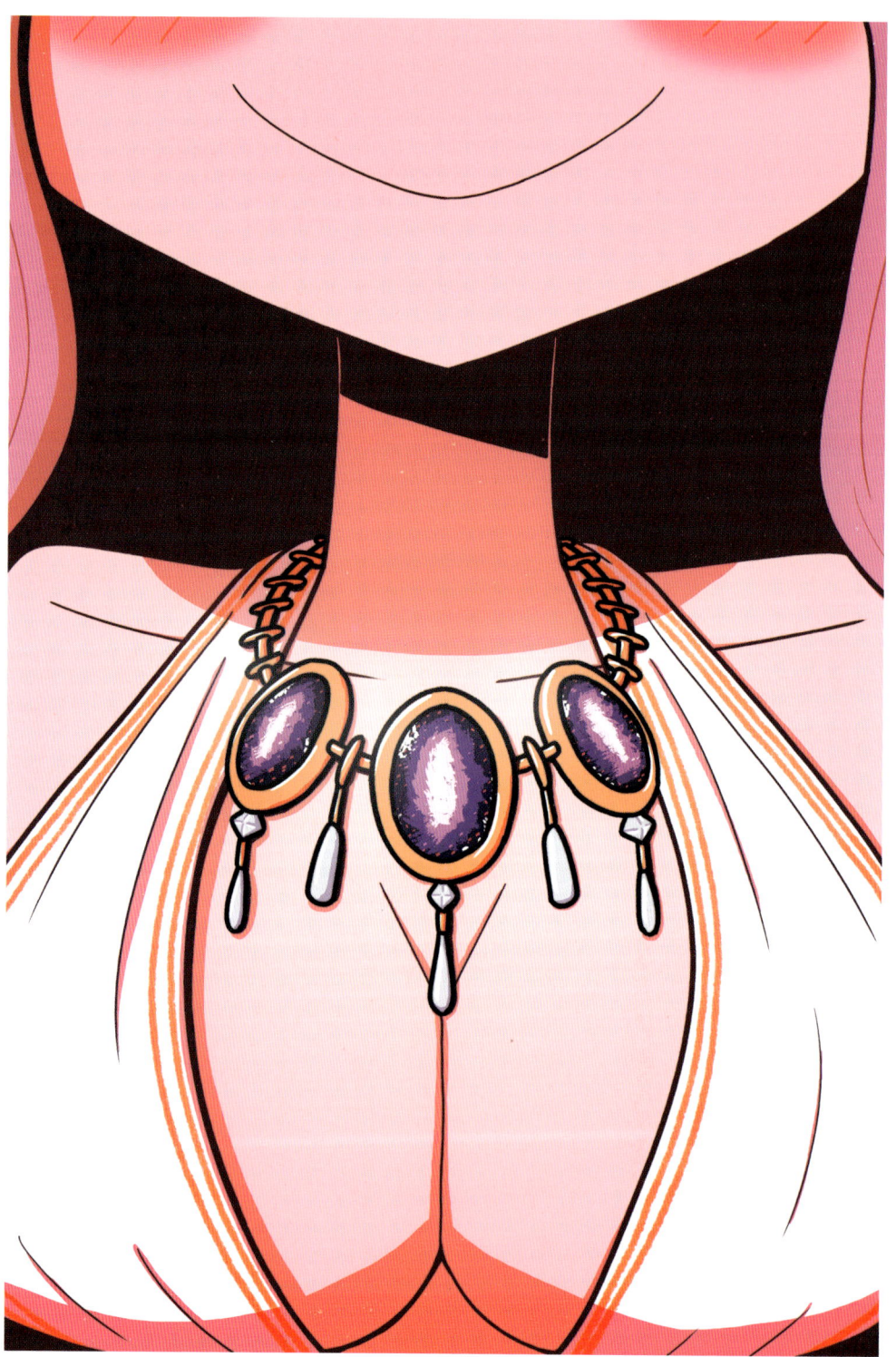

제27장

프레야의 목걸이 브리싱가멘

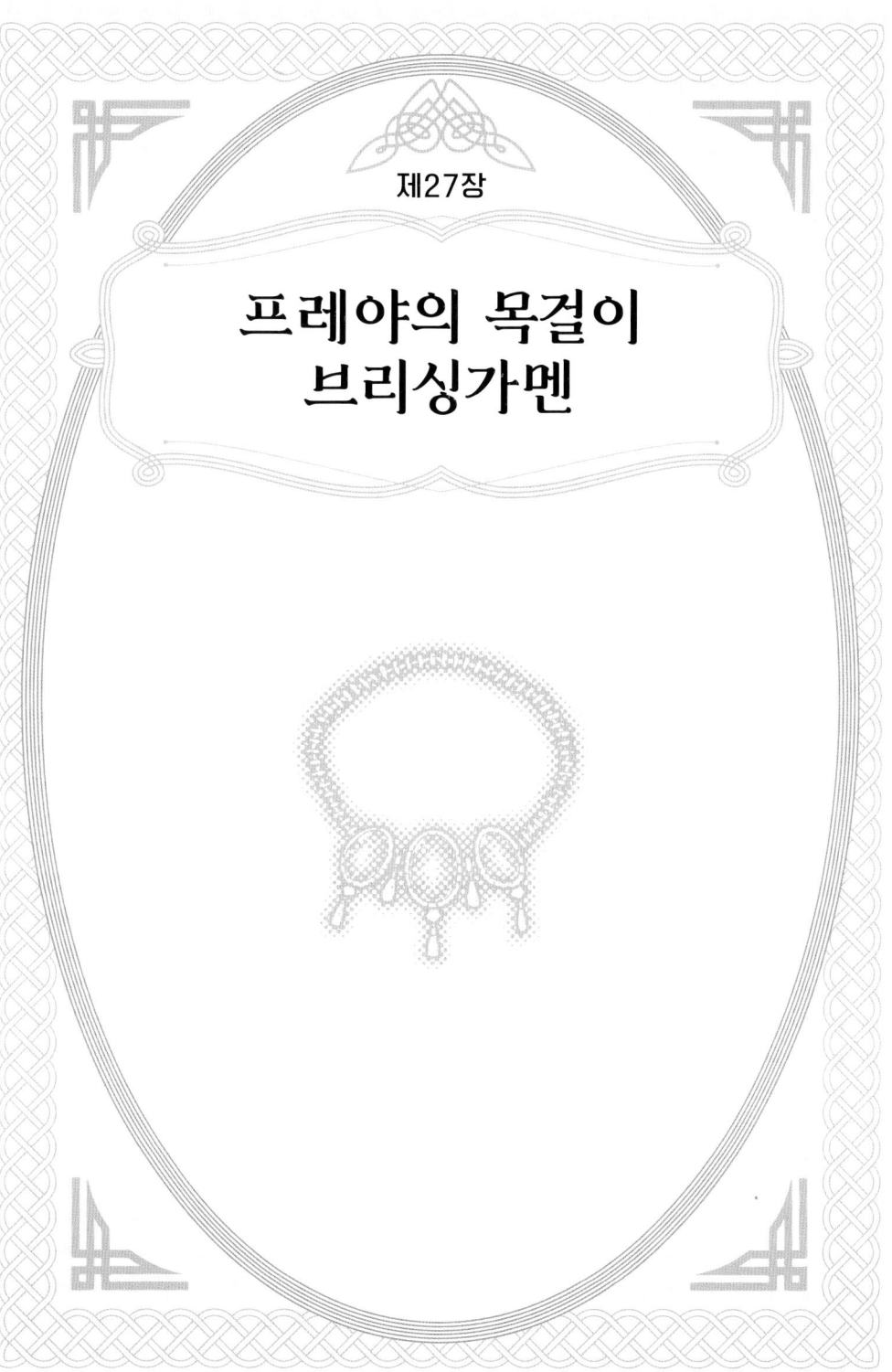

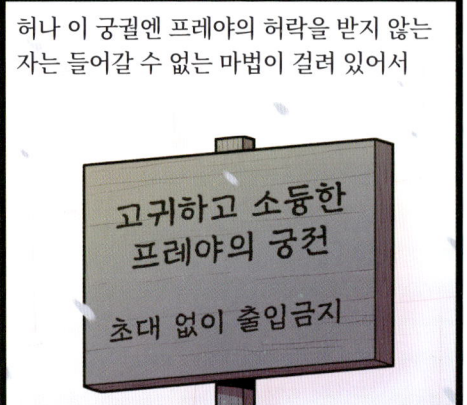

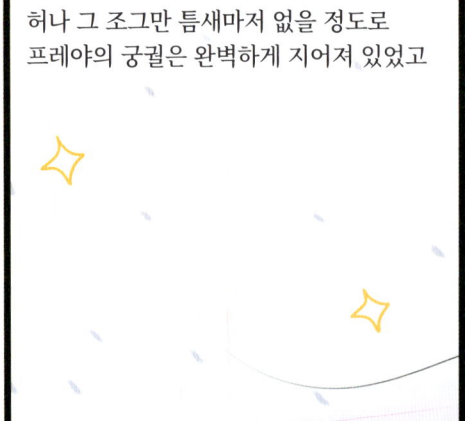
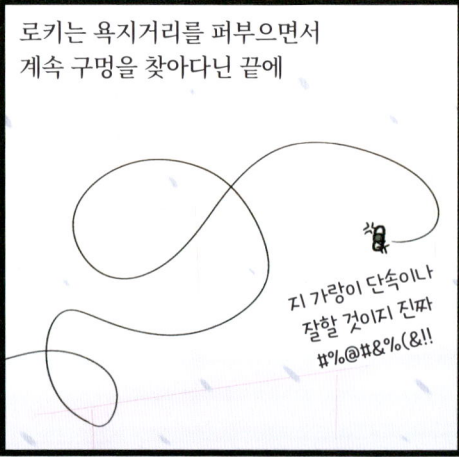

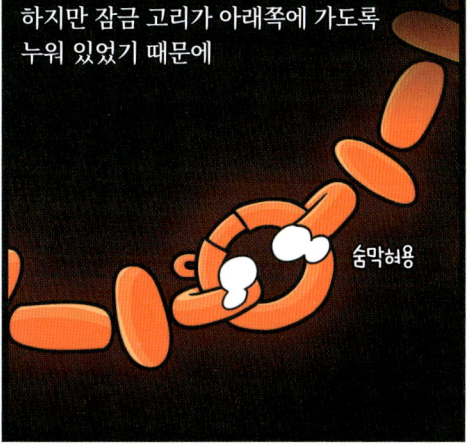

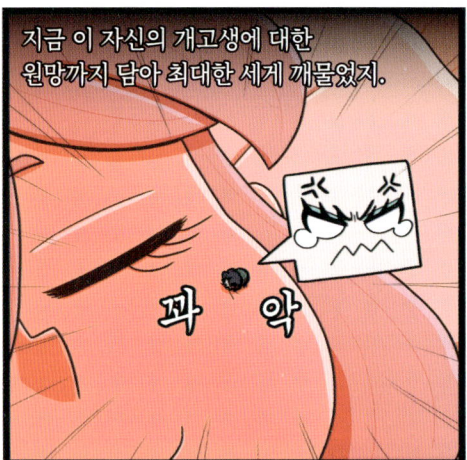

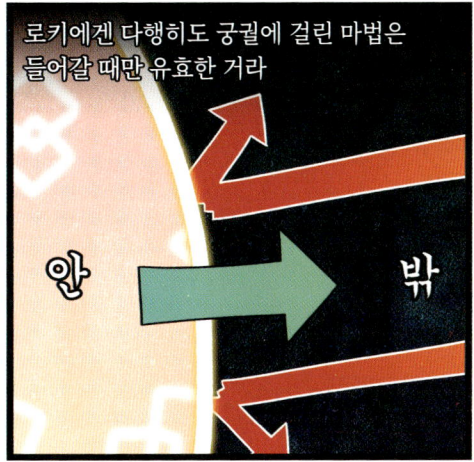

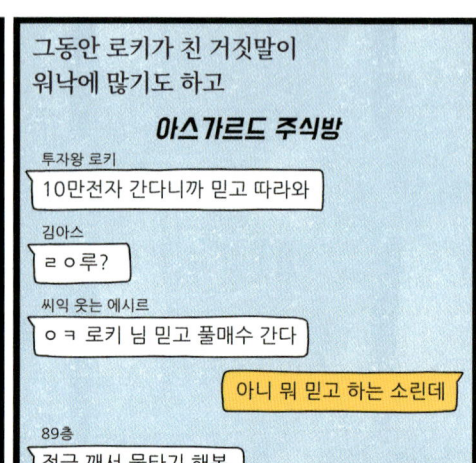

제28장
토르와 흐룽그니르의 대결

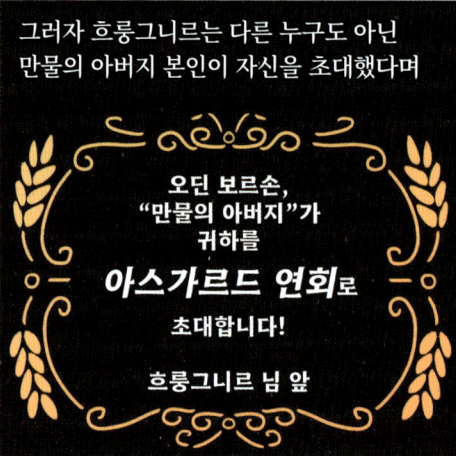

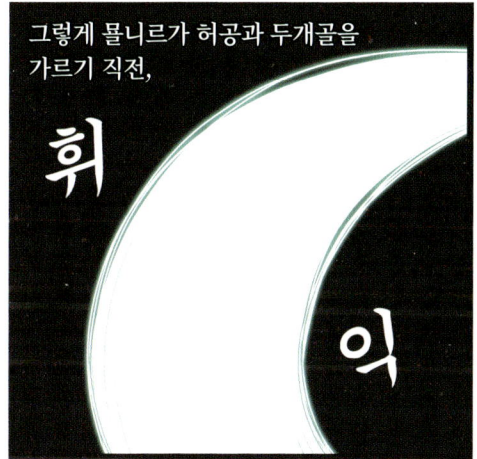

1 바위밭 정원(Courtyards of Rocky Fields)

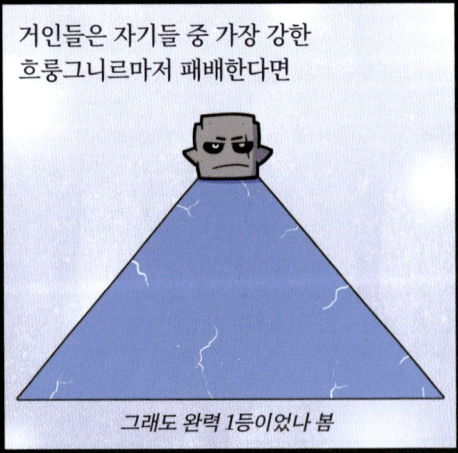

2 안개 다리(Fog-leg)

3 흐룽그니르의 심장(Hrungnir's Heart)

4 태어난 지 3일째였다는 전승도 있음

제29장

그림니르의 노래

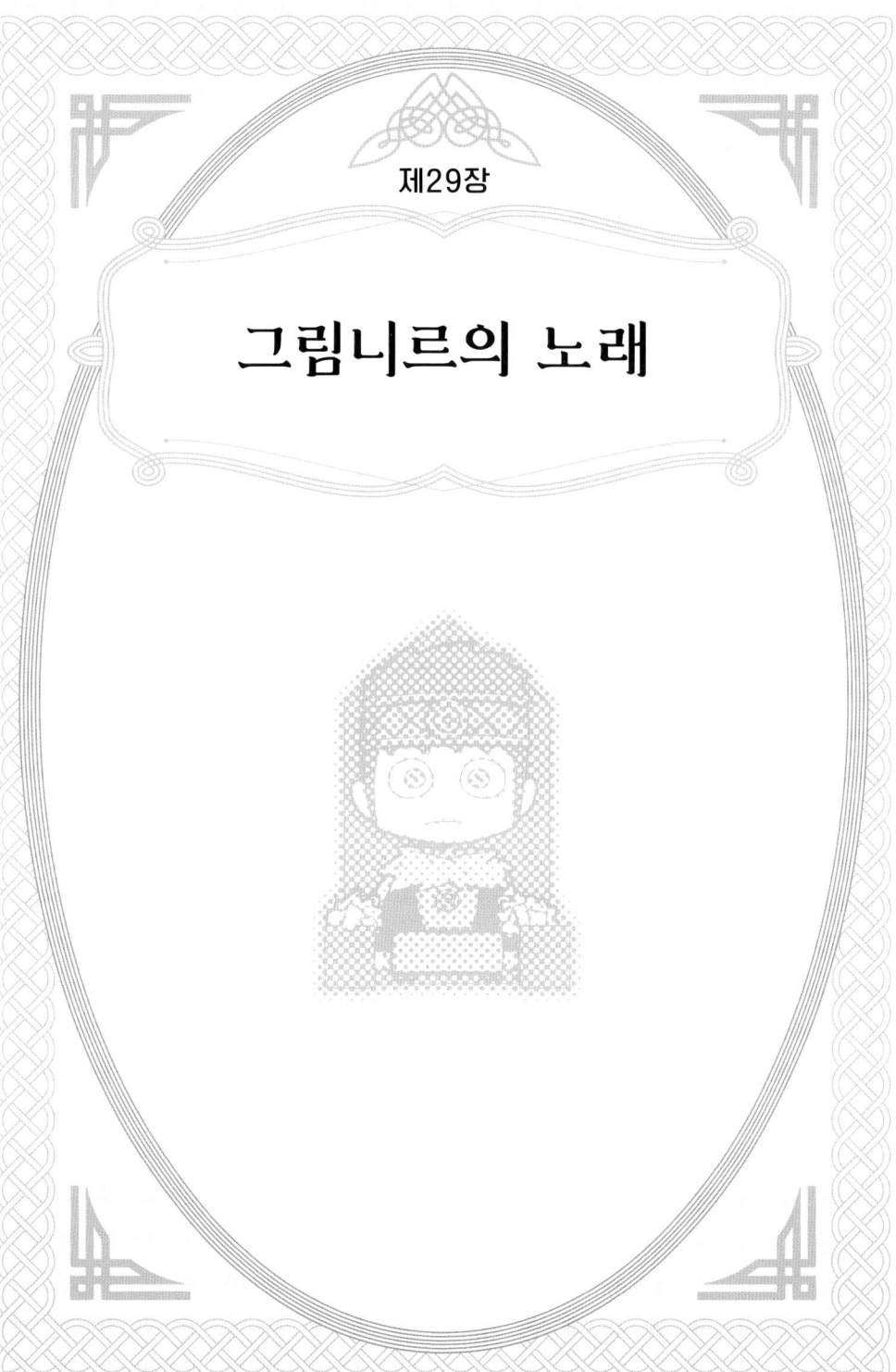

1 거인 게이뢰드랑 철자가 살짝 다름

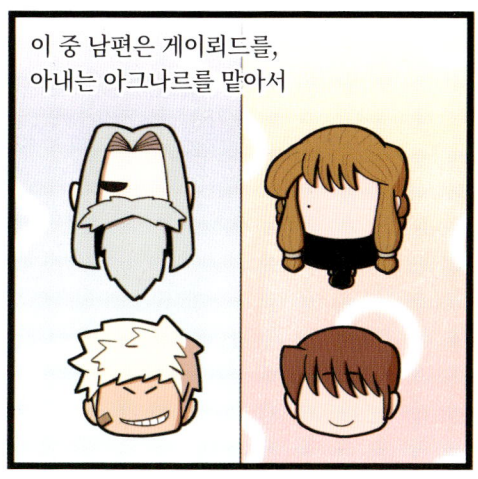

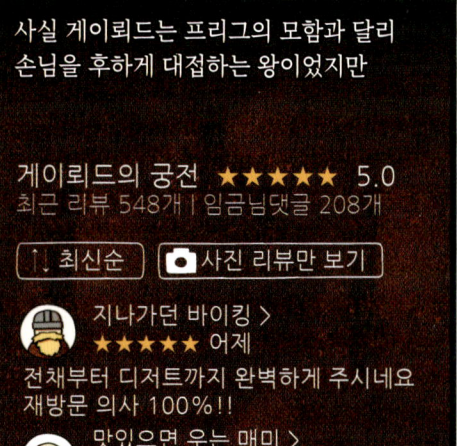

2 후드(혹은 가면)를 쓴 자(Hooded One, Masked One)

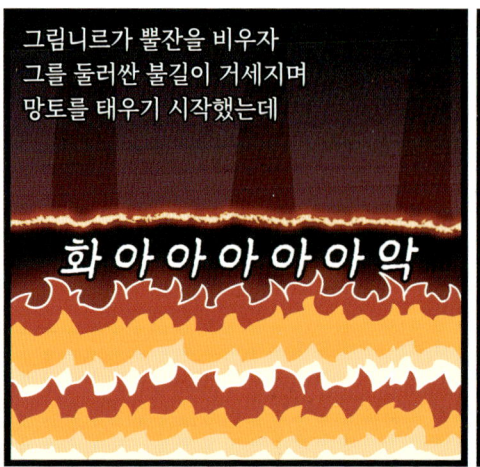

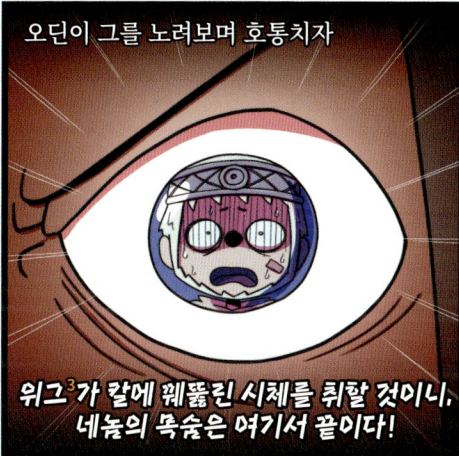

3 오딘의 이름들 중 하나

제30장

히미르의 가마솥

한번은 아스 신들이 사냥을 마치고 그 고기로 만찬을 즐기는데

마실 게 부족한 적이 있었어.

오잉

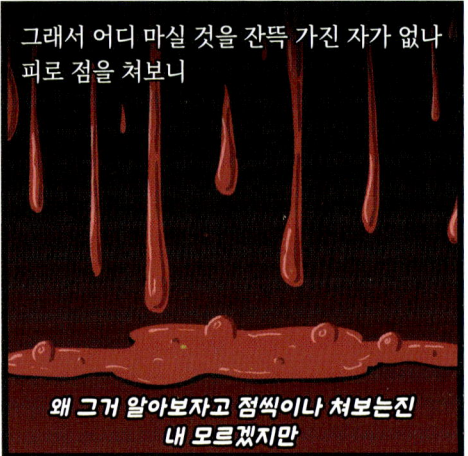

그래서 어디 마실 것을 잔뜩 가진 자가 없나 피로 점을 쳐보니

왜 그거 알아보자고 점씩이나 쳐보는진 내 모르겠지만

바다 거인 에기르의 가마솥을 쓰면 된다고 나오는 거야.

그는 바다에 빠져 죽은 자를 받아들이는 그물을 가진 란의 남편이자

아홉 파도의 아버지로

헤임달의 어머니 후보 중 하나인 그 아홉 파도

에기르도 무턱대고 그 요구를 거절할 순 없는 노릇이었지.

"묠니르를 갖고 있으면 상대를 설득할 때 다소 도움이 되는 느낌이 든다."
- 토르 오딘손,『대화의 기술』에서 발췌

그래서 거인은 머리를 굴린 다음

(여보야 왜 갑자기 아사토르가…?)

(ㄱ, 걱정 마!)

자신의 솥은 아스가르드의 훌륭한 술꾼들을 대접하긴 너무 작다며

 곰탕용 가마솥(10인용)
55,900원 배송비 무료
구매 553   리뷰 934   찜 503

포인트 요툰페이 포인트 548원
할인 알림받기 500원

리뷰
아홉공주아빠 5.0 ★★★★★
가족 11명인데 한 끼 해 먹기 딱 좋은 크기네요

아스 신족 모두가 함께 마셔도 남을 만큼 큰 솥만 구해오면 얼마든 술을 빚어주겠다 했어.

B.F.Cauldron

그 말을 듣고 신이 난 토르는 아스가르드로 재빨리 돌아가

땡큐!
금방 올게!

천천히 혀 천천히

에기르의 조건을 신들에게 알려줬는데

그거만 준비하면 됨!

오오…   수고 많으셨어용

82 제30장 히미르의 가마솥

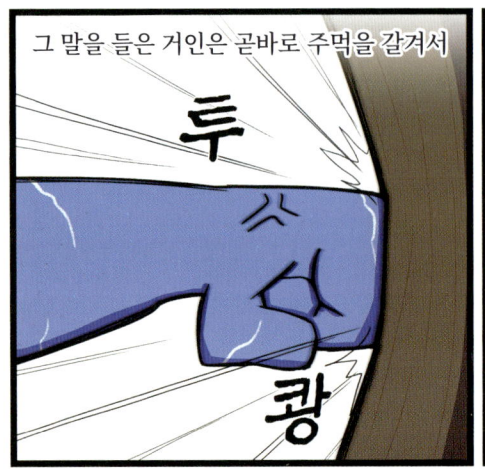

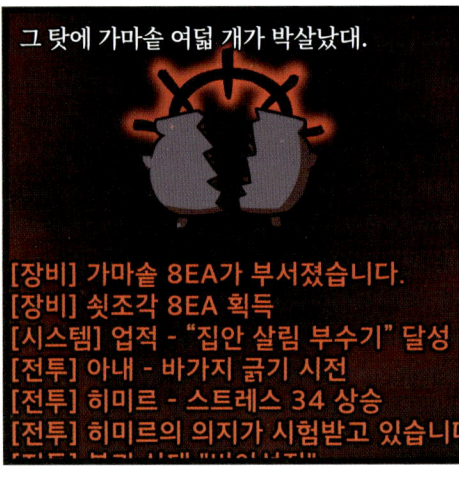

제31장
안드바리의 저주받은 반지

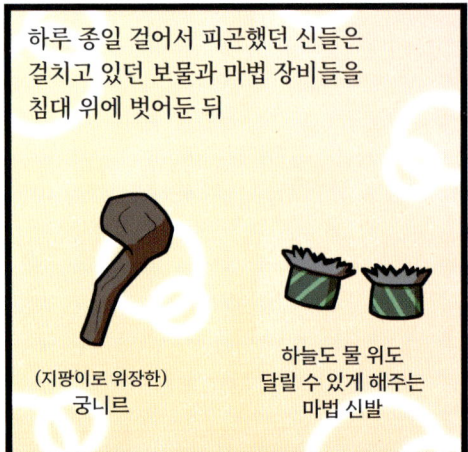

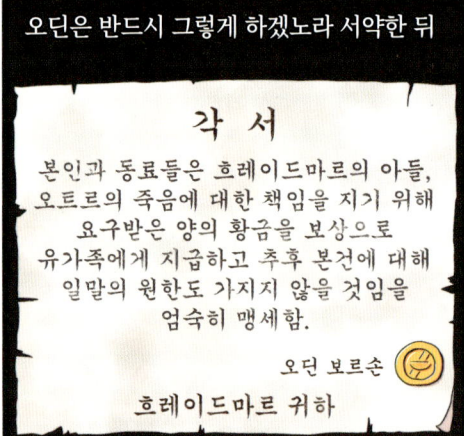

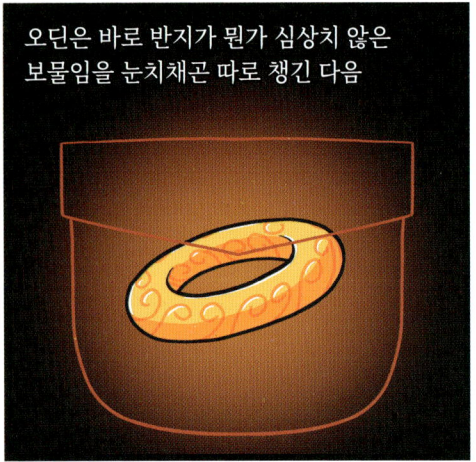

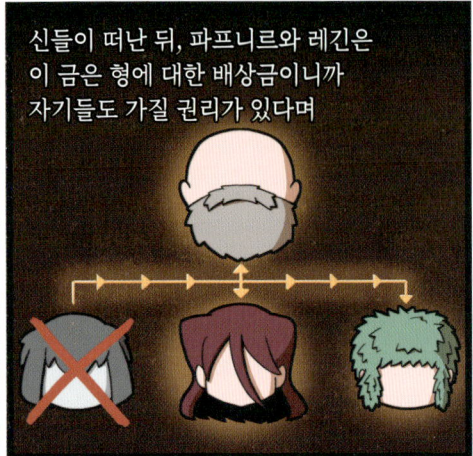

제32장

시구르드 전설

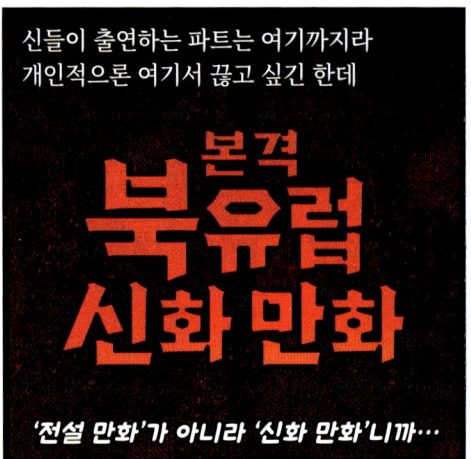

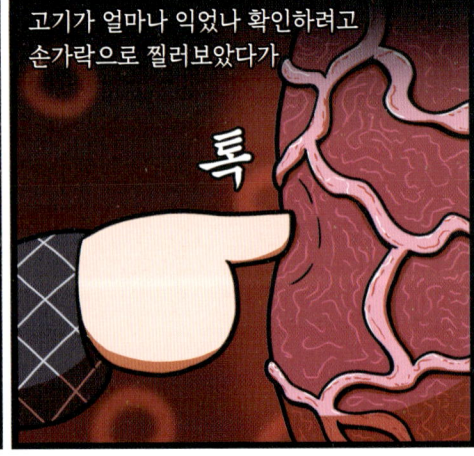

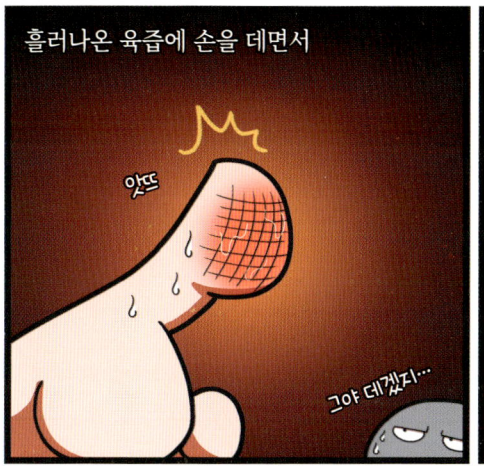

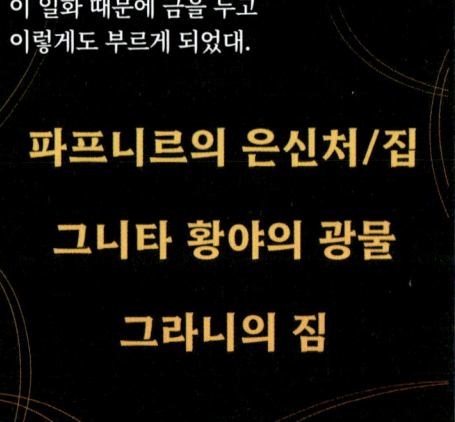

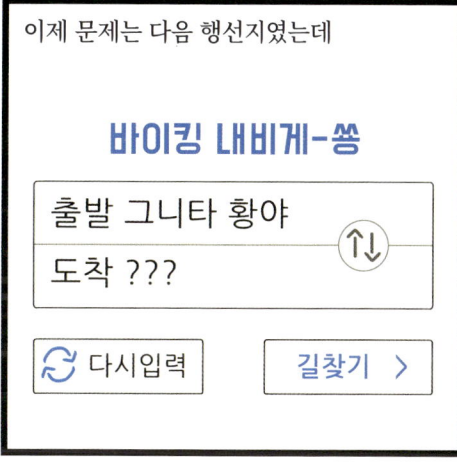

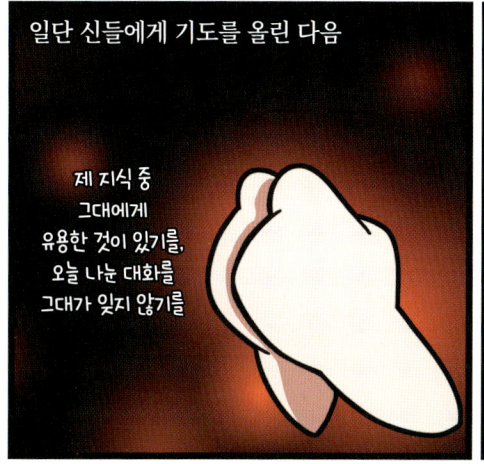

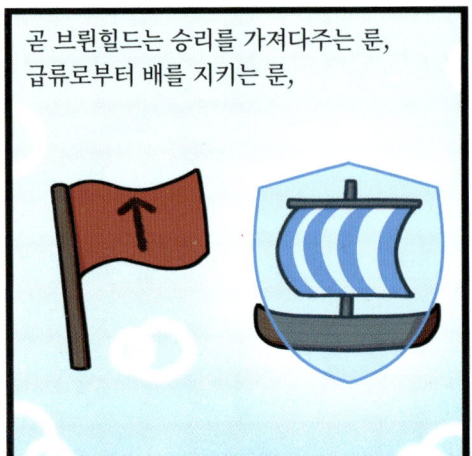
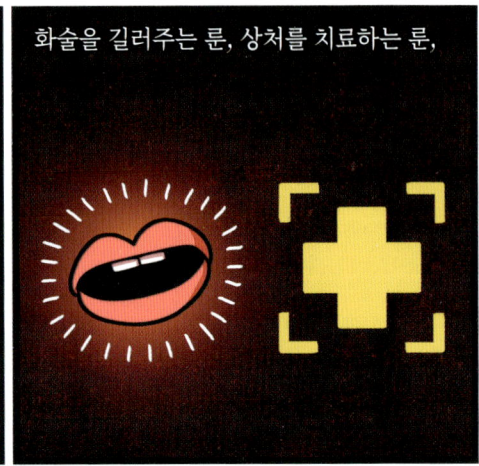

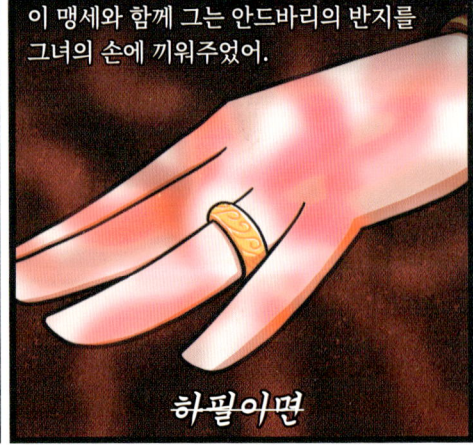

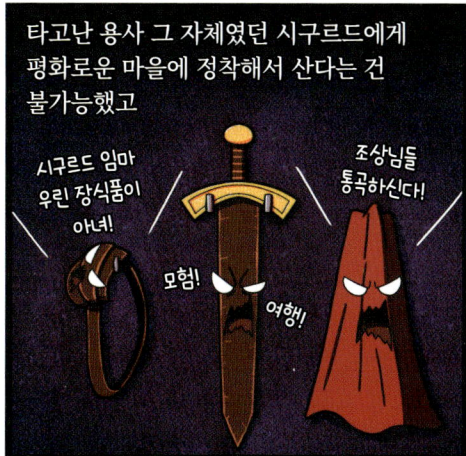

시구르드는 이곳에서도 엄청난 환대를 받았고

바이킹 뉴스

[속보] 시구르드, 금일 오후 2시 입국

메인 광장 환영 인파로 혼잡… 도로 정체

'드래곤 슬레이어' 시구르드는 누구?

국왕의 초호화 환영회에 '세금 낭비' 의견도

'시구르드 신드롬' 경제 효과 최소 500억 이상

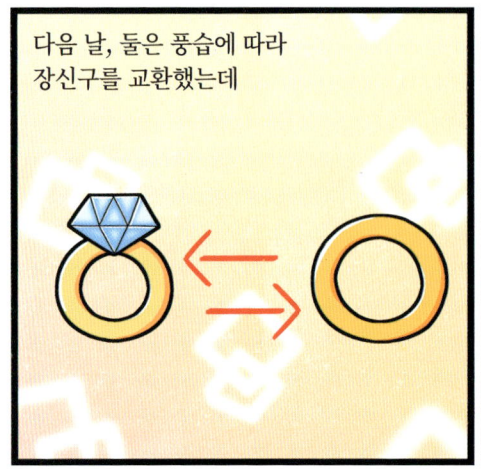

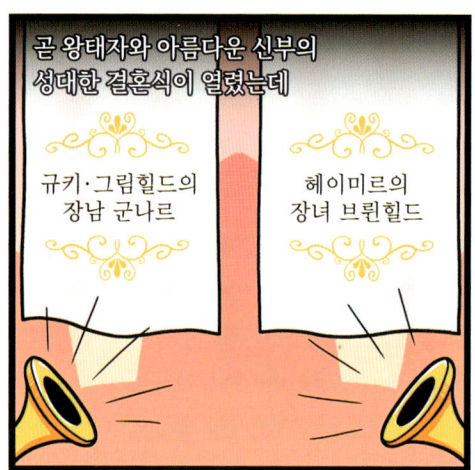

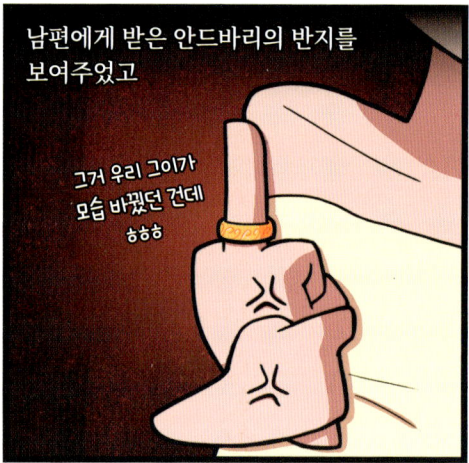

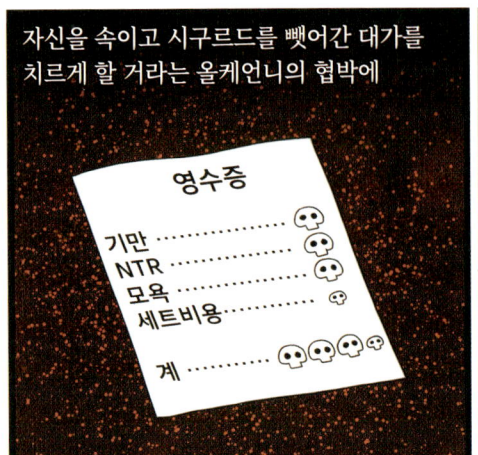

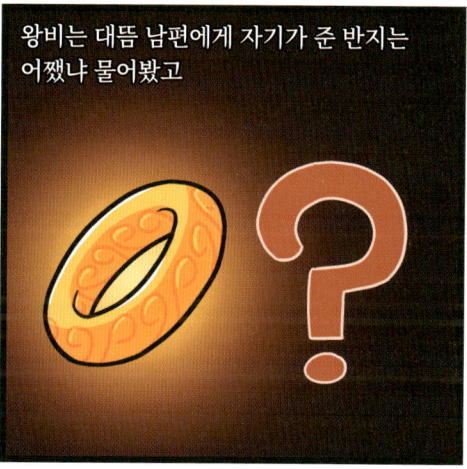

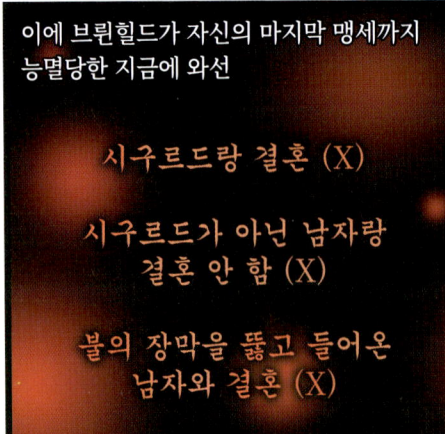

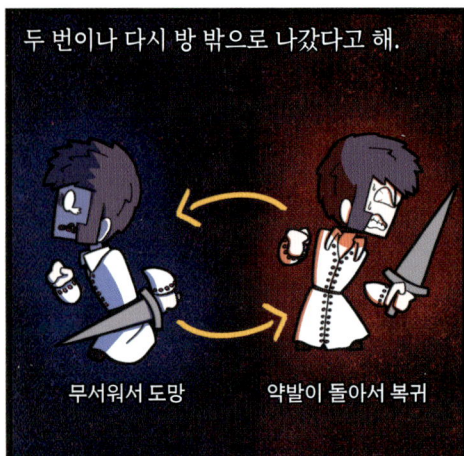

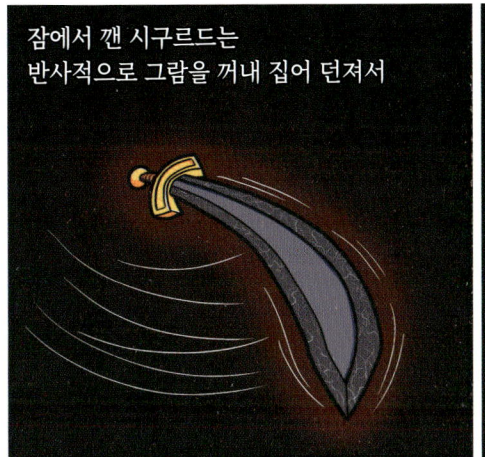

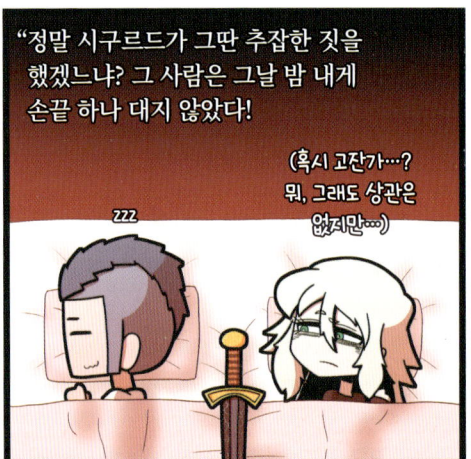

길구만…
하지만 아직도
꽤 남음…

제33장

니플룽 일족의 몰락

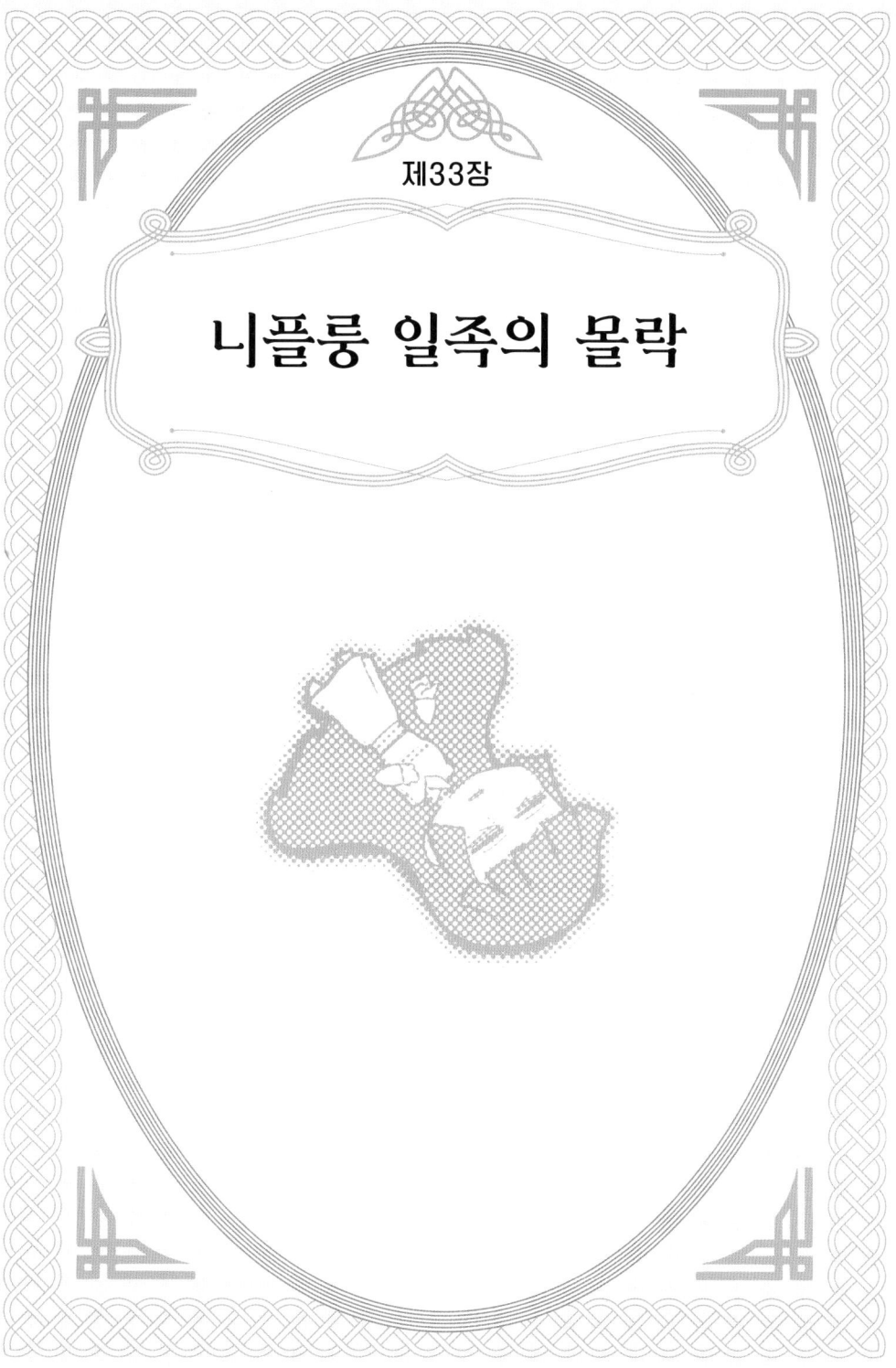

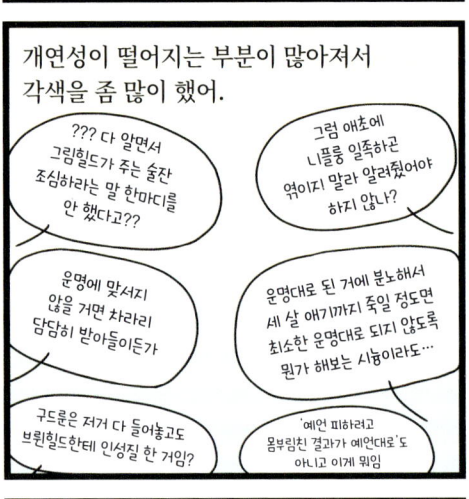

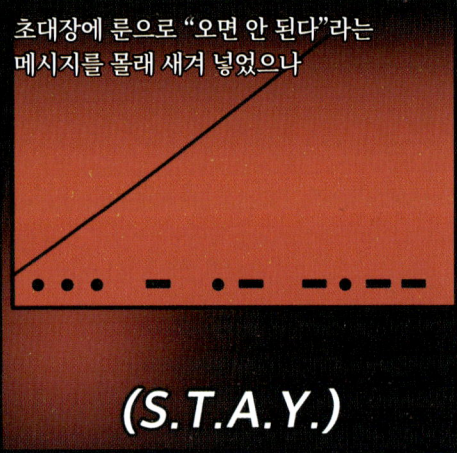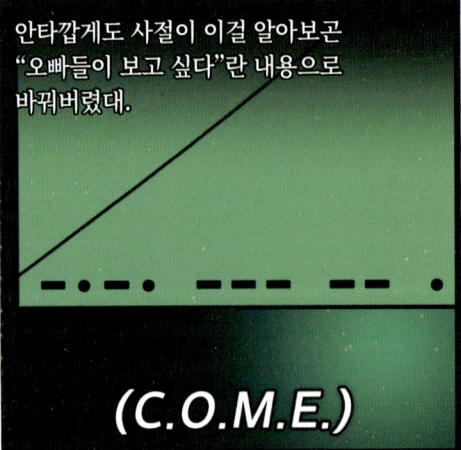

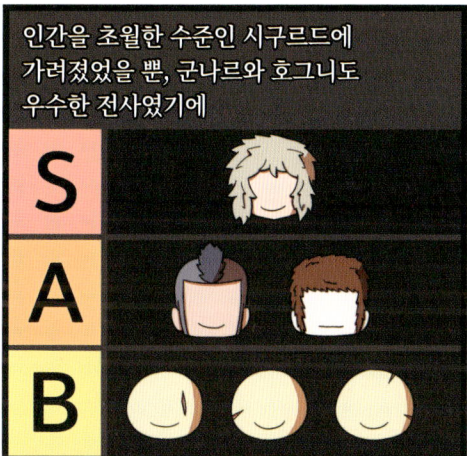

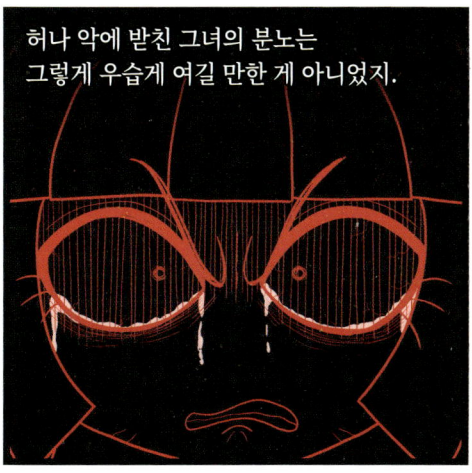

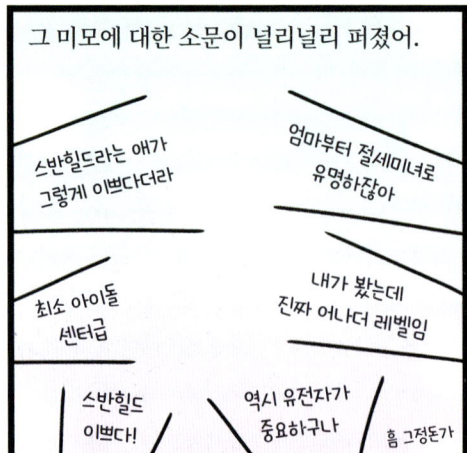

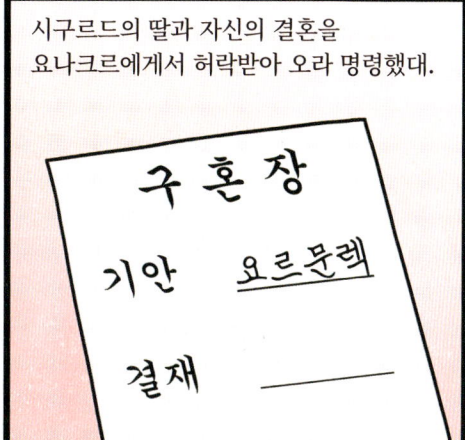

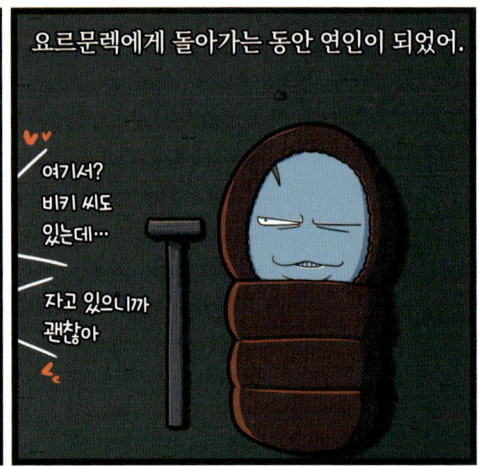

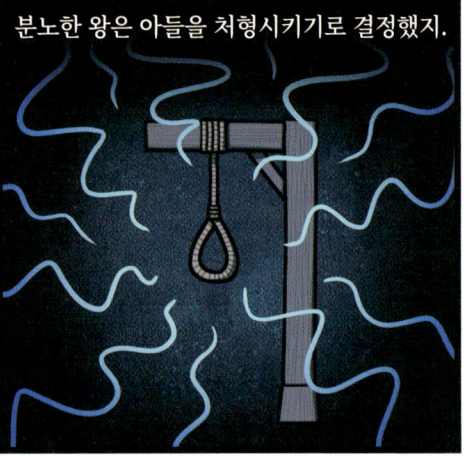

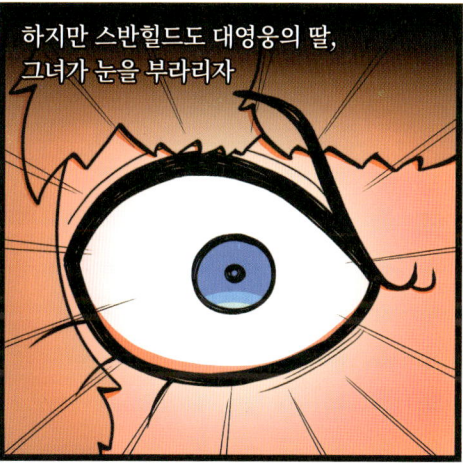

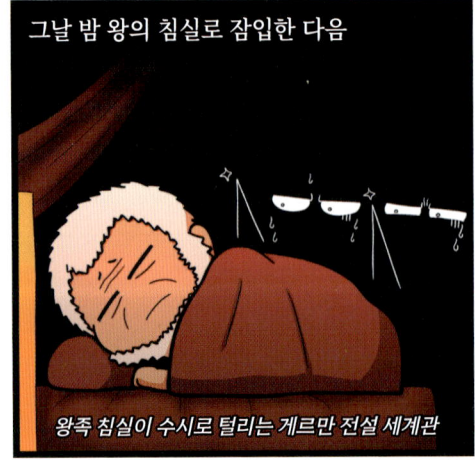

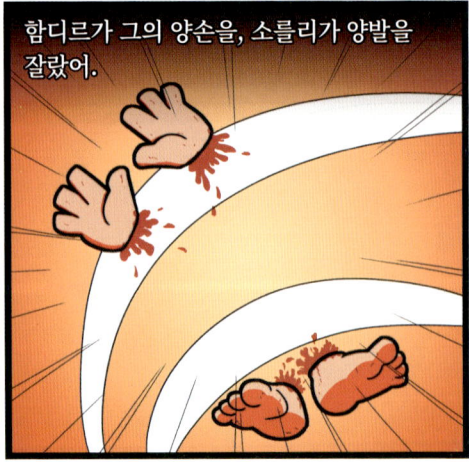

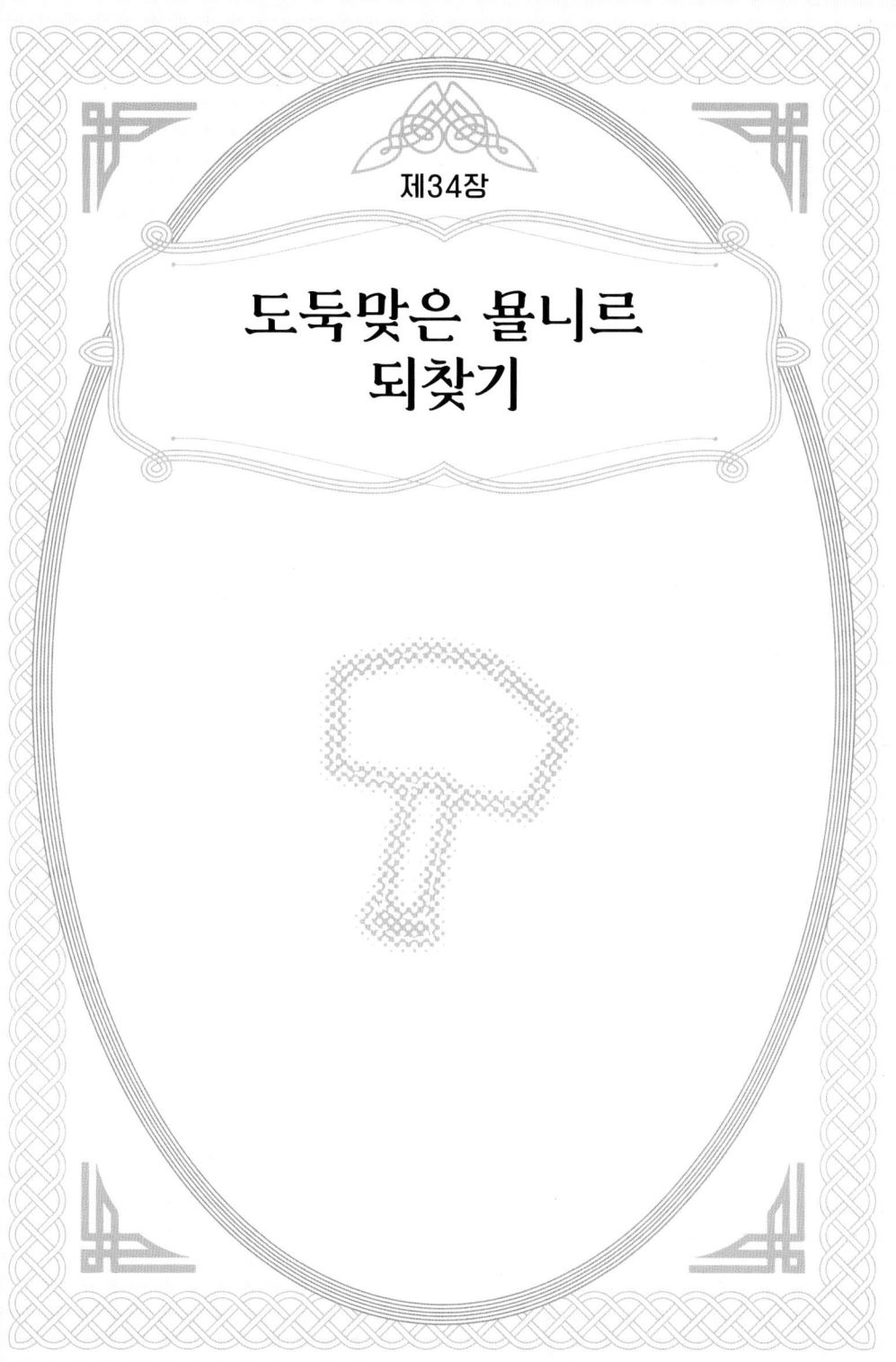

제34장

도둑맞은 묠니르 되찾기

제35장

오딘과 빌링의 딸

1 원전에서도 이름이 밝혀지지 않고 빌링의 딸이라고만 언급됨

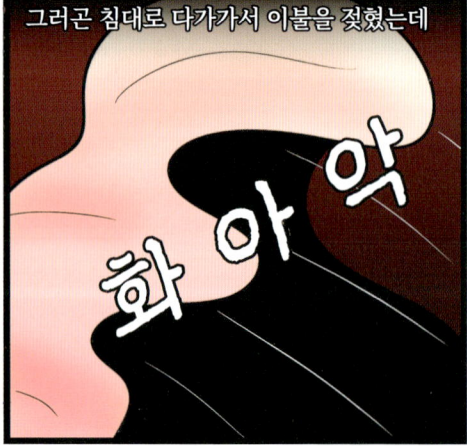

제36장

토르와 뱃사공

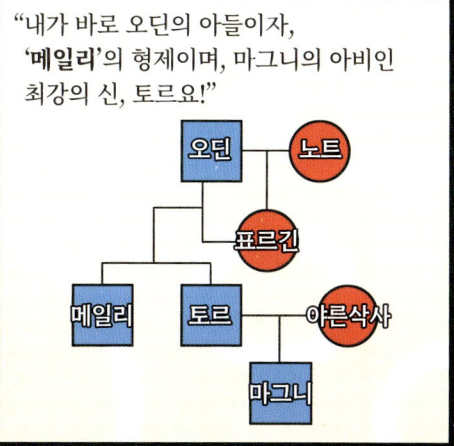

1 회색 수염(Greybeard)

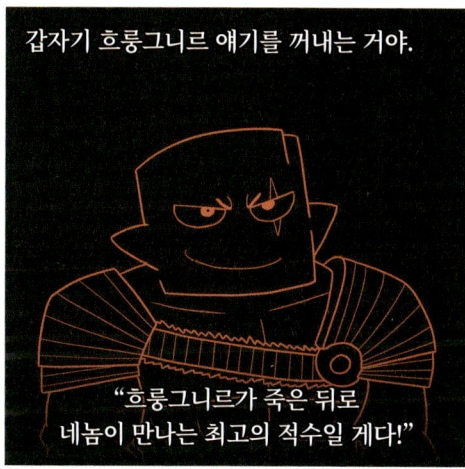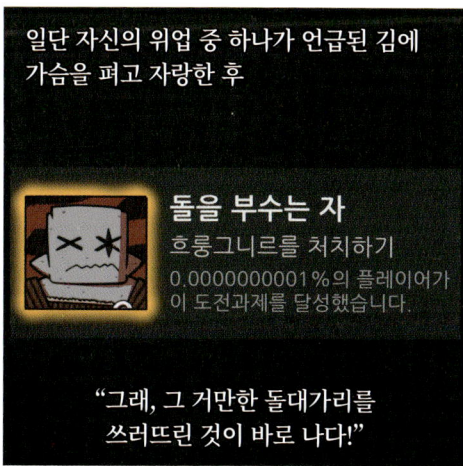

제37장

발드르의 죽음

세상의 온갖 위험한 것들로부터
발드르를 해치지 않겠다는 서약을 받자는
결론이 나왔어.

서 약 서

나 _____ 은(는)
현 시점부터 오딘과 프리그의 아들
발드르에게 그 어떤 위해도
가하지 않을 것임을 엄숙히 서약합니다.

성명 _____ (사인)

이를 위해 다른 누구도 아닌
왕비 프리그가 직접 나서서

온 세상을 돌아다니며 불과 물은 물론이고

모든 종류의 금속, 돌, 땅, 나무, 질병,
짐승, 새, 독, 뱀 등등

만에 하나라도 자신의 아들을 해칠
가능성이 있다 싶은 존재는 전부 찾아가
서약을 받아냈대.

그 결과 발드르는 어떤 물리적, 마법적
위협에도 면역인 신체를 얻었지.

1 회드는 '오딘의 아들'이라고만, 프리그는 '발드르의 어머니'라고만 언급됨

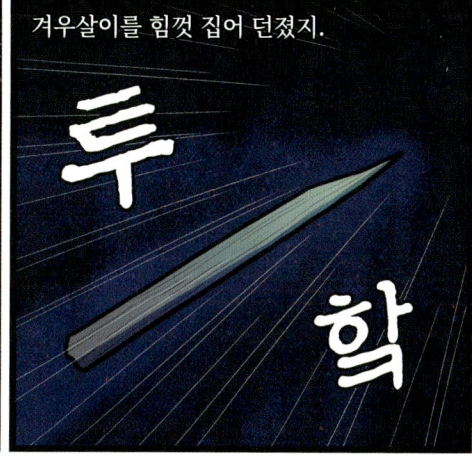

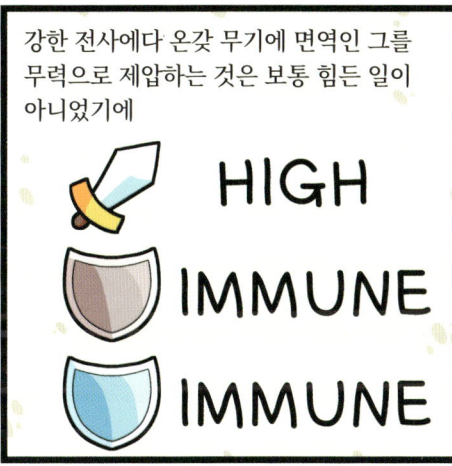

1 이름은 유사하나 정말 미미르에 대응하는 인물인지 확실하지는 않음

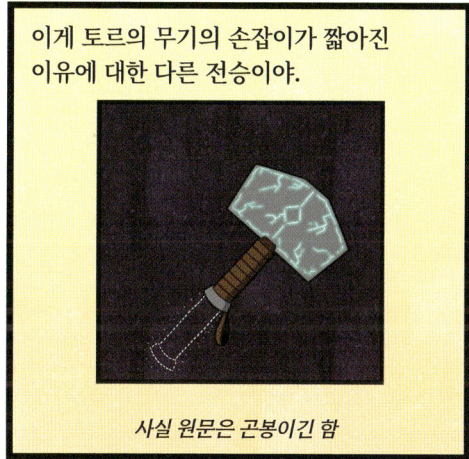

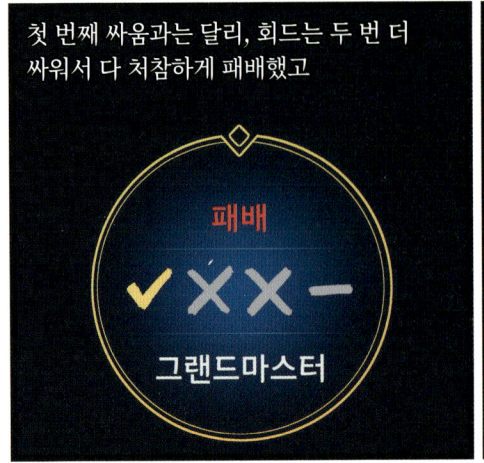

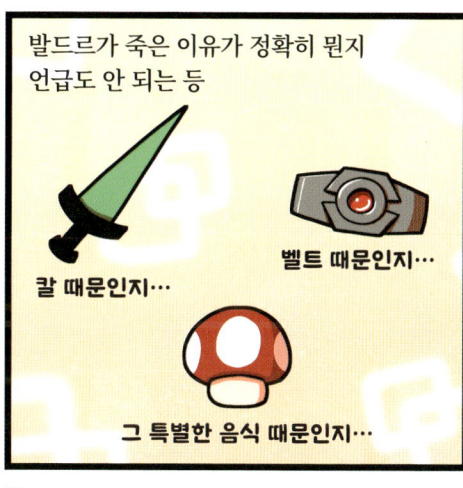

뭐…
이겼으면 됐지!

제39장

오딘과 공주 린다

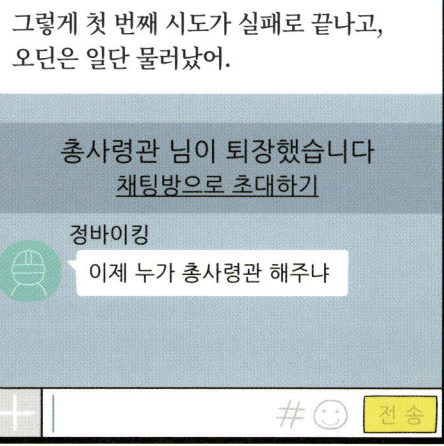

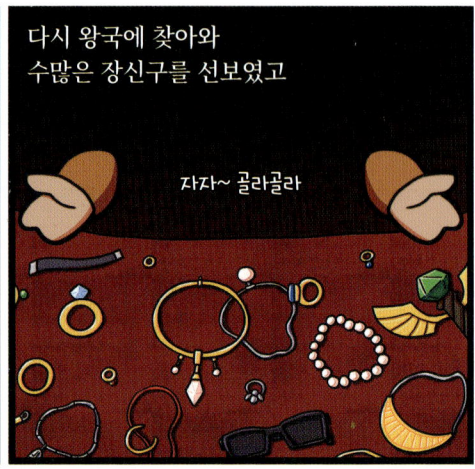

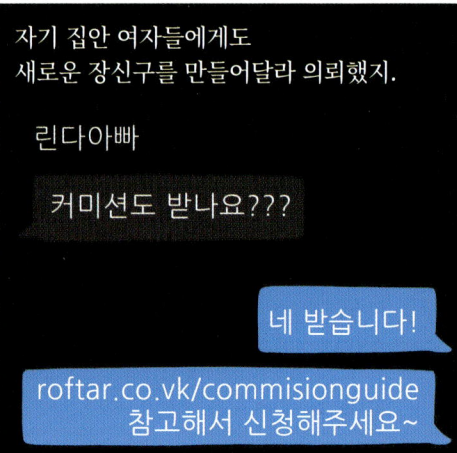

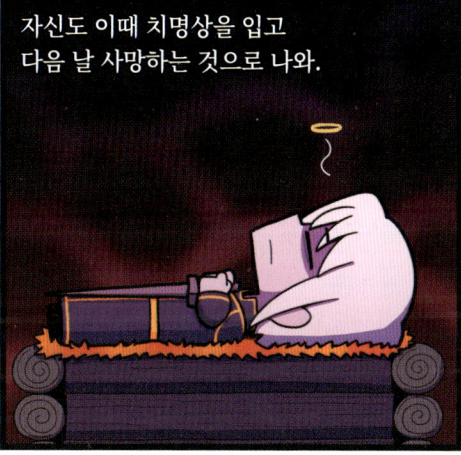

『데인인의 사적』에선
발리가 보우스인 것처럼
발드르는 발데루스, 회드는 호데루스
라고 나오긴 하지만
그냥 익숙한 이름을 썼어.

사실 저 이름들도
원래 이름의 라틴어 버전일
뿐이거든.

제40장

로키의 조롱

히미르의 솥 사건 이후 연례행사가 된, 에기르가 주최하는 연회가 열리자

수많은 아스 신들과 엘프들이 그의 궁궐에 방문했어.

토르는 동쪽으로 여행을 가서 오지 못했지만 말야.

아스가르드 Messenger

 토르 오딘손(트루드아빠)
○ 자리 비움(공무)

스토리 진행상 토르를 치워야 할 때 바드-들이 써먹는 방법

엄청난 부자인 에기르의 명성에 걸맞도록 술과 고기가 쏟아졌고

불 대신 금으로 집을 밝힐 정도로 부자!

그의 하인, '푸나펭그르'와 '엘디르'는 미소와 함께 접객을 했지.

이런 지극정성에 감동한 손님들이 입을 모아 에기르를 칭찬하자

고마워요 에기르!

(보끈…)

에기르 님 덕에 호강하네

1 연회장에서 피를 흘리는 것은 금기

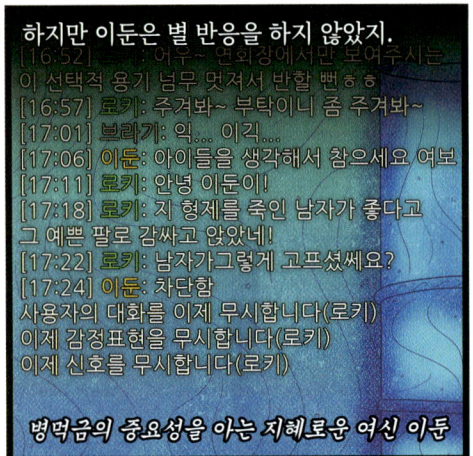

[2] E. O. G. Turville-Petre, *Myth and Religion of the Norths*: pg. 115

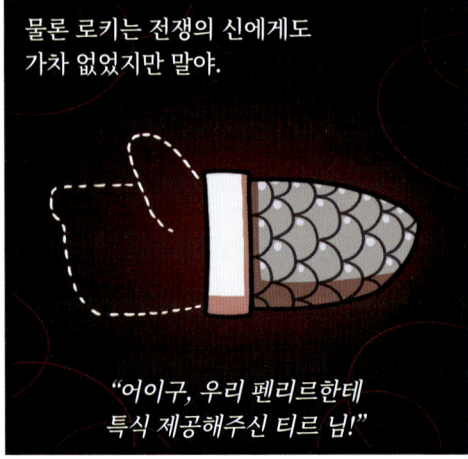

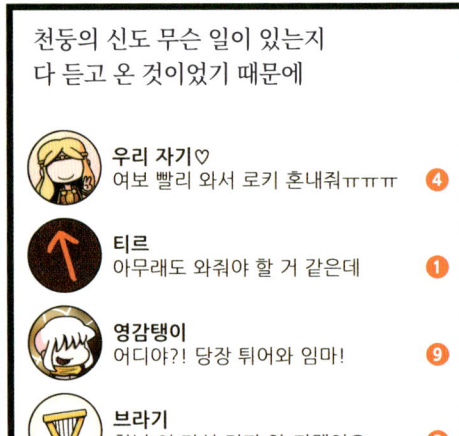

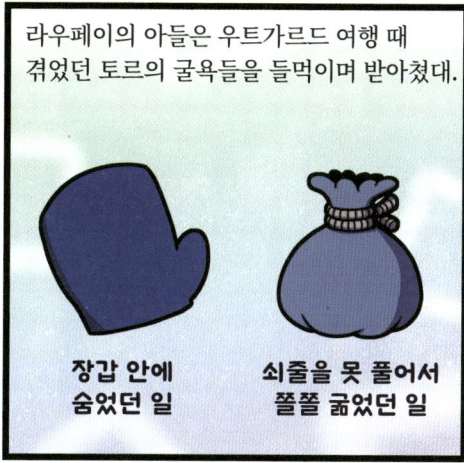

제41장

로키의 처벌

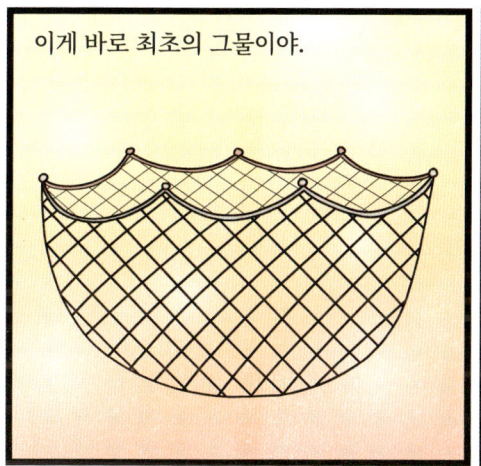
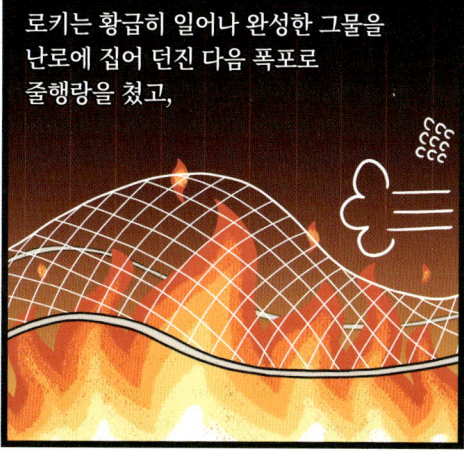

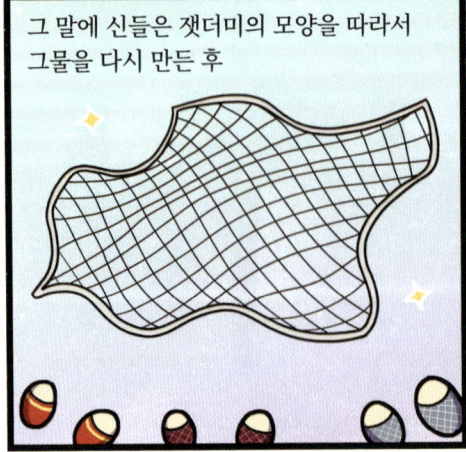

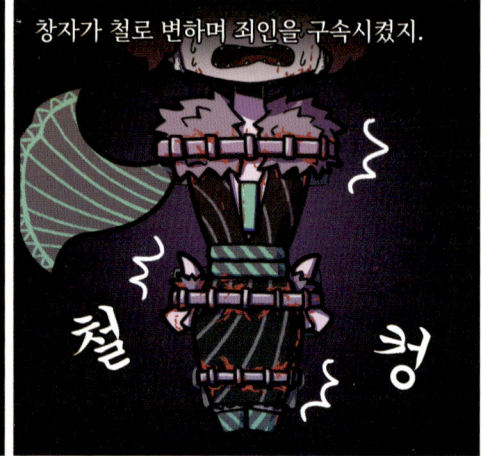

제42장

라그나로크

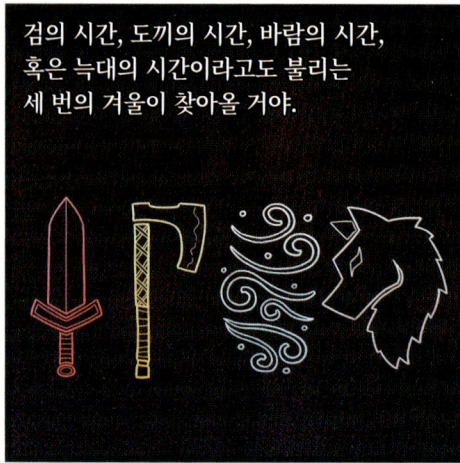

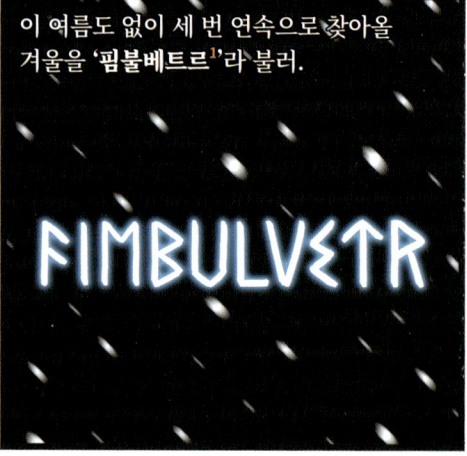

[1] 극심한 겨울(Extreme Winter)

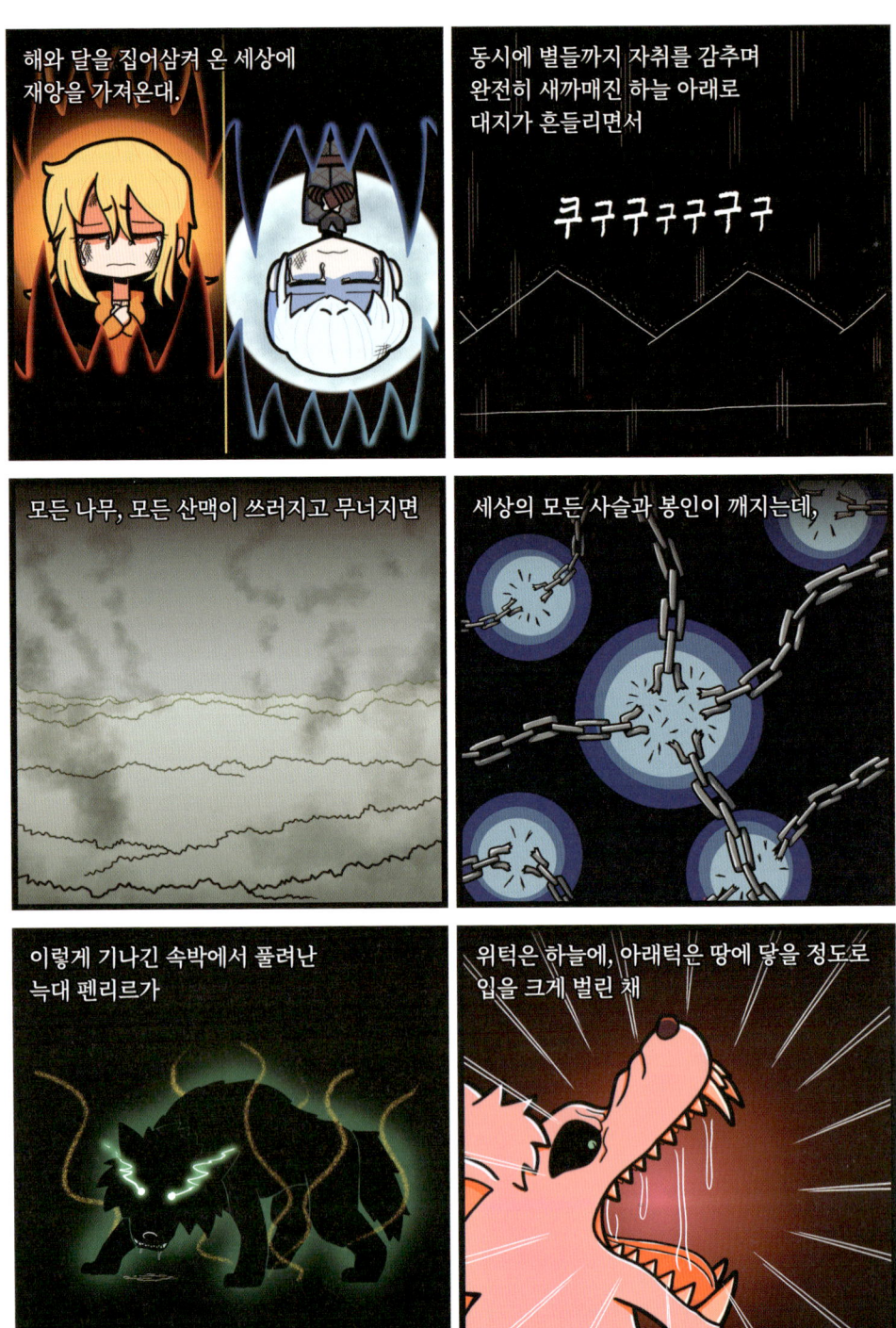

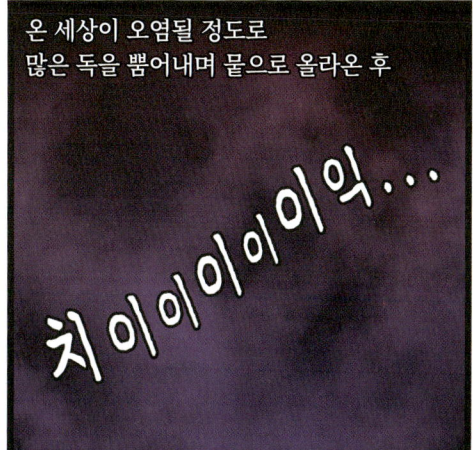

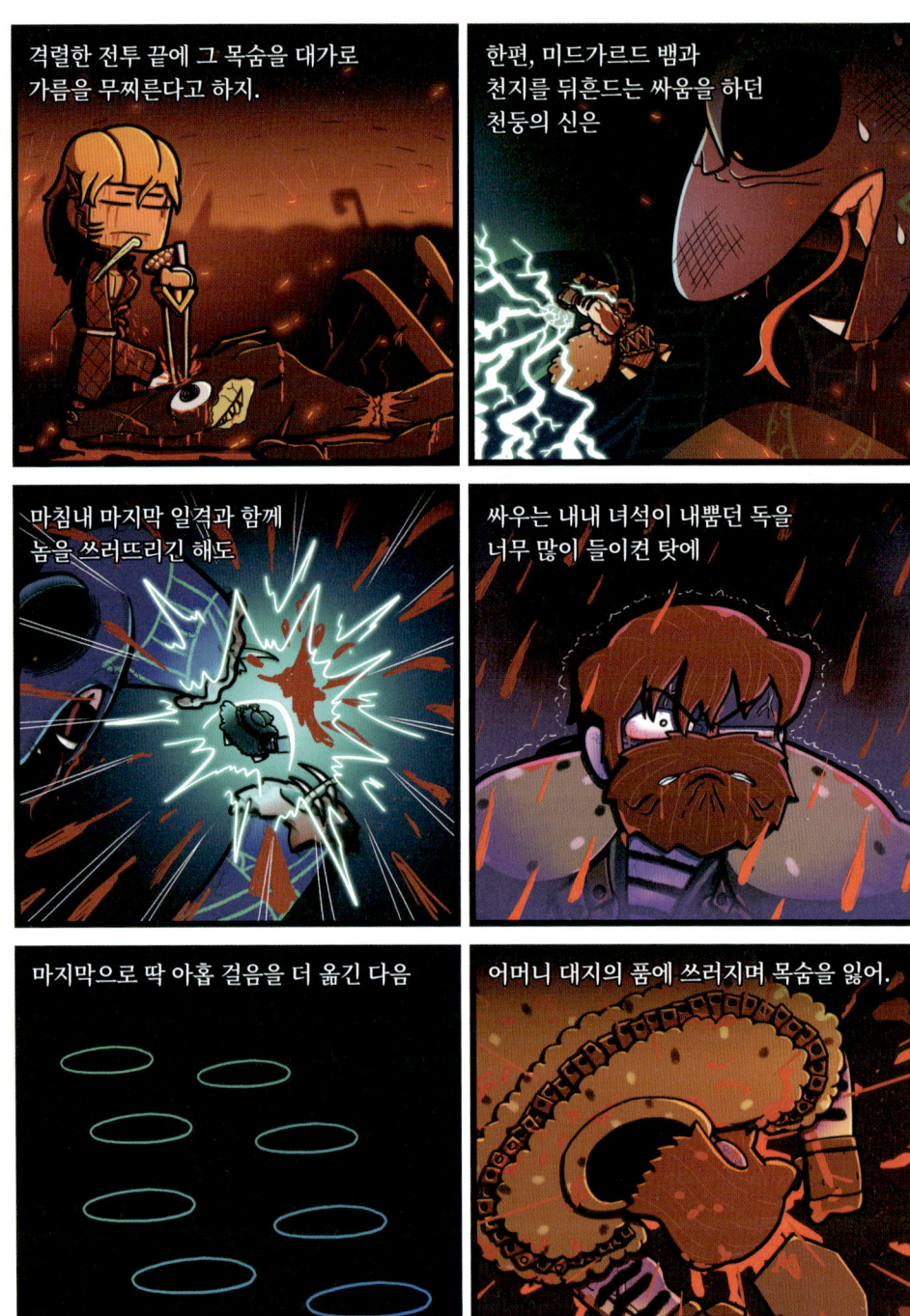

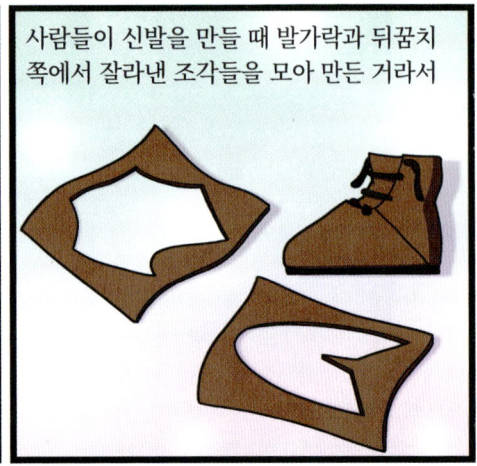

1 보통 위그드라실의 줄기라고 해석됨(R. Simek, *Dictionary of Northern Mythology*: pg. 189)
2 생명(Life)
3 생명을 갈망하는 자(Life Yearner)

본격 북유럽 신화 만화 　完

작가 후기

읽어주셔서 감사합니다! 재밌었나요? 재밌었다면 좋겠네요. 아니었다면, 엄, 유감입니다. 다음엔 더 잘 만들어볼게요.

이제 다른 작품들에 나오는 북유럽 신화 요소들을 알아보실 수 있을 겁니다. 그런 것들 알아보는 게 또 나름 쏠쏠한 재미거든요. 특히 모티브가 된 인물이나 사물의 신화 속 행적에서 전개까지 따올 경우에는 재미가 2배! 가장 좋은 건 「갓 오브 워」처럼 아예 북유럽 신화 자체를 다루는 작품을 즐길 때입니다. 요걸 요렇게 바꿔놨네? 하고 감탄하시면서 즐기실 수 있을 거예요. 모르고 즐겨도 좋지만, 알고 즐기면 확실히 더 재밌읍니다.

연재만 2년, 준비 기간에 단행본 작업 기간까지 포함하면 대략 3년 정도를 이 만화에 들였는데, 독자 여러분 덕에 좋은 시간이었습니다. 정말 너무나 감사할 따름. 글솜씨가 부족해 이 마음이라도 재차재차 전할 뿐입니다.

저는 그럼 다음 만화 준비하러 가보겠습니다. 어디서 연재하게 될지, 연재할 수는 있을지 걱정스럽네요. 비정규직의 비애를 온몸으로 겪고 있는 요즘입니다.

그래도 여러분은 다들 좋은 하루 보내시길 바라고, 좋지 않은 하루 보내고 계신다면 이 만화가 조금이라도 위로가 됐길 기원합니다. 감삼다!

2025년 04월 28일 아침,

동굴트롤 올림

2권 장별 참고문헌

참고문헌에 기재한 『구 에다』는 『에다』(임한순·최윤영·김길웅 역, 서울대학교출판문화원)에서 번역한 소제목을, 『신 에다』는 『에다 이야기』(스노리 스툴루손 저, 이민용 역, 을유문화사)에서 번역한 소제목을 기준으로 하였습니다. 단, 고유명사의 경우 본문의 표기를 따랐습니다. 국내에 번역되지 않은 그 외 참고문헌은 원제 또는 직역으로 기재하였습니다.

제25장 오딘의 은거
삭소 그라마티쿠스, 『데인인의 사적』 1권: 25
스노리 스툴루손, 「윙글리 일족의 사가」: 3

제26장 프레이의 청혼
『구 에다』, 「스키르니르의 여행」
『신 에다』, 「귈피의 홀림」: 37

제27장 프레야의 목걸이 브리싱가멘
『신 에다』, 「스칼드의 시 창작법」: 8
Jon Thordson & Magnus Thorhalson, *Sörla báttr*

제28장 토르와 흐룽그니르의 대결
『신 에다』, 「스칼드의 시 창작법」: 17

제29장 그림니르의 노래
『구 에다』, 「그림니르의 노래」

제30장 히미르의 가마솥
『구 에다』, 「히미르의 노래」
『신 에다』, 「귈피의 홀림」: 48
『신 에다』, 「스칼드의 시 창작법」: 33

제31장 안드바리의 저주받은 반지
『신 에다』, 「스칼드의 시 창작법」: 35, 39-40

제32장 시구르드 전설
『볼숭 일족의 사가』: 1, 2, 19-21, 23-24, 26-31
『신 에다』, 「스칼드의 시 창작법」: 40-41

제33장 니플룽 일족의 몰락
『볼숭 일족의 사가』: 32-33, 36-42

제34장 도둑맞은 묠니르 되찾기
『구 에다』, 「트림의 노래」

제35장 오딘과 빌링의 딸
『구 에다』, 「지존자의 노래」: 96-102

제36장 토르와 뱃사공
『구 에다』, 「하르바르드의 노래」

제37장 발드르의 죽음
『구 에다』, 「바프트루드니르의 노래」: 54
『신 에다』, 「귈피의 홀림」: 49
『신 에다』, 「스칼드의 시 창작법」: 19

제38장 발드르의 죽음(다른 버전)
삭소 그라마티쿠스, 『데인인의 사적』 3권: 63-64, 66-69

제39장 오딘과 공주 린다
『구 에다』, 「예언녀의 계시」: 37
삭소 그라마티쿠스, 『데인인의 사적』 3권: 70-73

제40장 로키의 조롱
　『구 에다』, 「에기르의 주연」

제41장 로키의 처벌
　『신 에다』, 「귈피의 홀림」: 50

제42장 라그나로크
　『구 에다』, 「예언녀의 계시」
　『신 에다』, 「귈피의 홀림」: 51, 53

본격 북유럽 신화 만화 2

동굴트롤 글·그림

초판 1쇄 발행일 2025년 6월 2일

발행인 | 한상준
편집 | 김민정·손지원·최정휴·김영범
디자인 | 김경희
마케팅 | 이상민·주영상
관리 | 양은진

발행처 | 비아북(ViaBook Publisher)
출판등록 | 제313-2007-218호(2007년 11월 2일)
주소 | 서울시 마포구 토정로 222 한국출판콘텐츠센터 211호
전화 | 02-334-6123 전자우편 | crm@viabook.kr 홈페이지 | viabook.kr

ⓒ동굴트롤, 2025
ISBN 979-11-94348-23-8 07210

- 이 책은 저작권법에 따라 보호받는 저작물이므로 무단 전재와 복제를 금합니다.
- 이 책의 전부 혹은 일부를 이용하려면 저작권자와 비아북의 동의를 받아야 합니다.
- 잘못된 책은 구입처에서 바꿔드립니다.